FACULTE DE DROIT DE PARIS.

THÈSE

POUR LA LICENCE.

L'Acte public sur les matières ci—après sera soutenu,

le jeudi 24 août 1854, à une heure,

Par Hubert CLEREL DE TOCQUEVILLE, né à Paris.

Président, M. PERREYVE, Professeur.

MM. VUATRIN,

Suffragants.

MACHRLARD,

DELZERS,

COLMET DE SANTERRE,

Professeurs.

Suppléants.

Le Candidat répondra en outre aux questions qui lui seront faites sur les autres matières de l'enseignement.

PARIS.

VINCHON, FILS ET SUCCESSEUR DE Mme Vᵉ BALLARD
Imprimeur de la Faculté de Droit,
RUE J.-J. ROUSSEAU, 8.

1854.

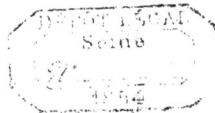

3538

A MON GRAND-PÈRE.

A MA GRAND'MÈRE.

JUS ROMANUM.

QUOD METUS CAUSA GESTUM ERIT.

(D., l. 4, t. 2.)

Si quid vi metuve gestum sit, jure civili valet : sed prætor
cujus edicta , adjuvandi vel supplendi, vel corrigendi juris civilis gratia edita sunt , metum passo occurrit ; etenim quanquam
illi qui metu coactus est jure civili teneatur, iniquum fuisset
eum judicio condemnari; itaque ait prætor : « quod metus causa
« gestum erit ratum non habebo. »

Vis et metus edicto continentur; vis id est majoris rei impetus
qui repelli non potest; metus id est mentis trepidatio, instantis
periculi causa : postea detracta est vis mentio ; nam si quid factum sit propter necessitatem adversariam impositam, metu etiam
fieri videtur.

Sed prætor illi qui metum passus est actionem comparavit
æquitatis gratia, neque mentem infirmam vanis timoribus ob-
jectam tueri persecutus est : oportet igitur ut edicto prætoris
locus sit ut metus atrox et operata sit contra bonos mores,

constantissimumque moveat hominem propter imminens malum, veluti mors, cruciatum corporis, servitutis, vel carceris aut etiam stupri periculum : sic ut ait Labeo « metum accipiendum non quemlibet timorem, sed majoris militatis : verbi gratia, si Titius veneratione patris sui et timore coactus, ad illi complacendum, Seio stipulanti centum millia promisit quæ non debuerat, illi non præstabitur prætoris actio.

Item non de illa vi loquitur prætor quam recte magistratus et jure licito aut honoris jure intulit, aut quam adhibuisti ad vim alterius repellendam. Hæc exempli causa retulisse sufficiet.

Non solum atrox metus sed adhuc præsens accipiendus est, neque sufficiet inferendi metus suspicio; verbi gratia si Titii iram futuram timens, illi stipulanti decem millia promisisti, non tibi competet prætoris actio; etenim, ut ait Celsus : « vani timoris justa excusatio non est. »

Parvi refert utrum sibi an liberis suis quis timuerit (cum pro affectu in liberis magis terrentur parentes).

Si liberta erga patronum ingrata, ne in servitutem rursus caderet decem millia domino suo dederit, dicendum est cessare tunc edictum, nam metum ab altero illatum spectat prætoris edictum, dum in hoc casu, sibi metum servitus infert ipsa.

Nihil autem interest si quis hujus timoris suo flagitio occasionem præbuerit; illum quidem qui pecuniam acceperit, pro comperto stupro, lex regit Julia, sed prætor subvenit illi qui deprehensus fuit in adulterio seque obligaverit; nexus enim metus causa contractus fuit.

In rem loquitur prætor : « quod metus causa gestum erit, ratum non habebo: » igitur a quo fuit illatus metus non quæritur. Itaque parvi refert utrum metus ab illo cum quo gestum fuit vel cujus interest illatus fuit an quovis ab alio. Si quid, tamen, mihi dederis vel promiseris, ut te a periculo liberarem, edicto non tenear, cum operæ meæ pretium accepisse videar.

Nunc videndum est quam vim, quem metum spectat prætoris edictum.

In primis de vi aut metu docendum est.

Requiritur denique ut aliquid absit vim aut metum passo : · adeo, si metu coactus, mihi debitum solveris, cessat edictum.

Duplice via utetur ille qui vim metumve passus fuit : actione scilicet quod metus causa, vel pristina actione, rescisa alienatione vel liberatione, quæ dicitur fictitia : fingit etenim prætor, æquitatis causa, læsum esse dominum vel creditorem. Alterutro solum uti remedio potest : itaque si malit in rem agere quam quod metus causa, hæc suprema ei tolletur.

Multum distat in personam actio a re actione : « In personam actio est, quotiens cum aliquo agimus, qui nobis vel ex contractu, vel ex edicto obligatus est, id est, cum intendimus dare, facere, præstare oportere. In rem actio est, cum aut corporalem rem intendimus nostram esse, aut jus aliquod nobis competere. »

In rem agere possumus cum omnibus nisi cum quibus contraximus. In personam agere possumus solum adversus illum ex quo nascitur obligatio.

Arbitraria autem est actio quod metus causa, id est nisi arbitrio judicis is, cum quo agitur, actori satisfaciat, in quadruplum condemnabitur, si contra absolvetur.

In hac enim actione permittitur judici ex bono et æquo, secundum cujusque rei, de qua actum est, naturam æstimare, quemadmodum satisfieri oporteat.

Competit actio quod metus causa illi qui vim passus est tam adversus eum qui vim intulit quam adversus illum ad quem res pervenerit. Attamen, si ipsa res, sine dolo malo nec culpa ejus ad quem rem pervenerit, interierit, nec ipse locupletior sit factus, edicto prætoris non tenebitur; si ex ea re factus sit locupletior, tenebitur. Nec edicto locus erit si res interierit sine facto ejus.

Quidem putaverunt bona fide emptorem ab eo qui vim intulit possidentem atque rem legati causa vel dono habentem non edicto teneri, sed Julianus ait hos teneri.

. Quum servi metum adhibuerint, dominus tenebitur si res ad eum pervenerit, sed noxali actione omnimodo conveniri poterit.

Hæredi cæterisque successoribus ejus qui metum passus est competit actio quod metus causa, quoniam rei habet persecutionem. Qui integrum non restituit, in quadruplum condemnabitur. Quadruplatur id quanti ea res sit, sed id solum quod metum passo abest.

In hæredem autem et cæteros in id quod ad eos pervenit datur actio quod metus causa : æquum fuisse videbatur; quamvis pœnalis actio non transeat ad heredem : nonne iniquum fuisset, ad hæredem pertinere quæ turpiter vel scelere quæsita sunt. Si rem consumpserit, nihilominus hæres tenebitur ejusque etiam proprius hæres; secus citra culpa vel factum si res perierit , quia non locupletior factus est. Quod autem ad hæredem pervenit tempore litis contestatæ æstimandum est. Litis autem contestatæ tempus inspicitur, non ut in petitione hæreditatis, tempus rei judicatæ, rationem disparitatis affert Cujacius : « quod petitio hæreditatis inter bonæ fidei judicia annumeretur, in quibus omne confertur in arbitrium judicis qui judicat quod sibi æquum videtur eo tempore quo judicat : actio autem quod metus causa sit ex juris stricti judicis, in quibus res omnis infertur in formulam quæ intenditur tempore litis contestatæ. »

Ex edicto restitutio in integrum facienda est : itaque si res metus causa tradita fuerit et rursus tradetur, repromittendus erit reus de dolo ne forte deterior res facta sit. Partus ancillarum pecorumque fetus et fructus omnes restitui debent ei qui vis metusve causa ancillam aut pecus aut fundum acceperit : « plus est in restitutione quam in exhibitione si metus causa accepta fuerit stipulatio, obligatio quasi non extincta resurget, fidejussores non minus idoneos debitor præbere debet et alias cautiones. Per vim obligatus liberandus est, rescisa principali obligatione accessoria jure cadunt.

Si reus restituere noluerit, in quadruplum condemnabitur : quadruplabitur, ut supra diximus, id quanti ea res est , sed id solum quod metum passo abest.

In quadruplo simplum inest, id est res tradita : pœnæ in tripli consistit.

Annalis est in quadruplum metus causa actio : post annum vero in simplum datur, causa cognita si nulla alia competat actio.

DE DOLI MALI ET METUS EXCEPTIONE.

(Dig., lib. xliv, t. iv.)

Labeo definit dolum : « Omnem calliditatem, fallaciam, machinationem, ad circumveniendum, fallendum, decipiendum alterum, adhibitam. »

Doli mali exceptio a prætore introducta est ne quis ex dolo suo per juris civilis subtilitatem lucretur ; nam jure civili, dolus in obligationibus, liberationibusve, aut alienationibus impune fiebat, nisi dolum abesse abfuturumque stipulatio interposita fuisset.

Doli mali exceptio opponitur quotiescumque reum actor fallacia, calliditate, machinatione circumvenit. Generaliter sciendum est prætorem hac doli exceptione tueri eum qui potest æquitate defensionis actionem infringere, dum dolo facit quicumque id petit quod quaque exceptione elidi potest.

Dolo fit tam in contractibus quam in testamentis et in legibus.

Circa contractum dolo fit, si verbi gratia, ex stipulatione agatur, quæ nullam causam habet.

Circa testamentum, si quis contra defuncti voluntatem quid-
quam consequi velit : puta si hæres petat a debitoribus hæredi-
tariis id quod testator peti noluit.

Circa legem si quis tacitam fidem accommodavit restituendi
ei qui per leges capere non potest : vel si filiusfamilias ex sena-
tusconsulto Macedoniano excipiat cum pecunias illi mutuum
data in rem patris versa sit.

Bona fides non patitur ut bis idem aliquis consequatur : dolo
petit igitur is qui agendo certat ut bis idem consequatur, vel
qui petit, nec offert quod ipse præstare vicissim debet, vel qui
petit quod redditurus est, vel et illa stipulatione quæ nullam
causam habet, vel contra fidem pacti aliquid petit.

Summo jure non est liberatus debitor, qui pupillo sine tutoris
auctoritate solvit, adeoque petitio debiti pupillo competit. Sed
dolo facit petendo, quum ex hac solutione locupletior factus
sit.

Doli mali exceptio non tantum majoribus, sed minoribus, imo
et pupillis et furiosis objicitur.

Patrono-autem doli mali exceptio a liberto non recte potest
opponi : quorum famæ semper parcendum est ; doli neque hujus
patroni hæredibus, nam mortuo isdem et honos debetur. Si-
mili ratione adversus parentes competere non potest. In stipulatione autem cum patrono vel parente doli clausula adjici potest, nam ita non dolo sed et stipulatu agetur.

Observandum est doli mali exceptionem in rem esse ex parte
ejus qui opponit, sufficit enim dolum per actorem commissum
esse. In personam est doli exceptio ex parte ejus cui opponitur :
placuit tamen nonnunquam eorum quos in potestate habemus,
vel procuratoris, vel tutoris, vel auctoris dolum opponi posse.

Si de filiifamilias vel servi dolo agitur, quærendum est an ex
peculiari causa conveniatur vel ex alia causa : si ex peculiari
causa, in infinitum exceptio opponenda erit : si vero ex alia.

causa, de dolo tantum qui in ipso negotio de quo agitur, admit-
tenda erit.

Auctoris dolus emptori non nocet, nisi accessione ex illius
persona uti velit. Item de omni qui ex causa non lucrativa ac-
quisivit, dicendum; quod verum est de marito cui mulier debi-
torem suum dotis causa delegavit, si matrimonium nondum sit
solutum.

Perpetua est doli mali exceptio quæ dicitur peremptoria, quia
perpetuo valet, nec evitari potest. Contra actio de dolo certo
tempore finitur.

Quemadmodum reus actionem actoris per exceptionem doli
excludit, ita adversus rei exceptiones actor doli replicationem
objicere potest, sed exceptioni doli, replicationem doli opponere
non licet.

Quanquam metu dolus contineatur, attamen exceptio ab altera
distat. Enimvero metus exceptio in rem scripta est et adversus
quemvis agentem opponi potest.

Doli autem exceptio in personam est et reus excipere potest
de dolo solum adversus doli auctorem.

POSITIONES.

I. Qui per vim metumve debitis satisfecit, non restitutione
in integrum fruetur.

II. Si quis metum passus, aliquid alienaverit, ei prætor subvenit vel per actionem in rem vel per actionem quod metus
causa; sed si in quadruplum egerit, dicendum cessare in rem
actionem, vel contra.

III. Stricti juris actio opposita doli mali exceptione in bonæ
fidei actionem convertitur.

IV. Si quis cum æger esset centum aureos uxoris suæ consobrino spopondisset, volens scilicet eam pecuniam ad mulierem pervenire, deinde convaluerit, uti poterit exceptione si conveniatur.

V. Qui in alieno solo imprudens ædificavit, non alias sumptus consequi potest quam si possideat et doli mali exceptionem vindicanti objiciat.

VI. Malæ fidei possessor per exceptionem doli mali utiles impensas non retinebit.

· DROIT FRANÇAIS.

PREMIÈRE PARTIE.

DES CONDITIONS ESSENTIELLES A LA VALIDITÉ DES CONVENTIONS.

(Code Nap., art. 1101-1133.)

CHAPITRE Ier.

DISPOSITIONS GÉNÉRALES.

On appelle obligation la nécessité juridique, le lien de droit (*nexum, vinculum juris*) qui oblige une personne à donner, à faire ou à ne pas faire.

Elle peut naître de cinq sources différentes : 1° les contrats; 2° les quasi-contrats; 3° les délits; 4° les quasi-délits; 5° la loi.

DES CONTRATS.

L'art. 1101 définit ainsi le contrat : « Le contrat est une con—

vention par laquelle une ou plusieurs personnes s'obligent envers une ou plusieurs autres à donner, à faire ou à ne pas faire quelque chose. »

Il résulte des termes mêmes de cet article, que le contrat est une espèce de convention : il ne faut donc pas confondre ces deux actes juridiques : ils diffèrent l'un de l'autre comme l'espèce du genre.

La convention est l'accord de deux volontés ayant pour but de créer, modifier ou détruire une obligation (*duorum vel plurium in idem placitum consensus*).

Le contrat est cette convention spéciale, cette espèce de convention qui produit, soit des obligations seulement, soit, tout à la fois des obligations et une mutation de propriété.

Il ne faut pas confondre non plus le contrat avec la pollicitation. Le contrat suppose une offre d'un côté, une acceptation de l'autre. La pollicitation est l'offre qui n'est pas encore acceptée. A la différence du contrat, elle ne produit aucune obligation, et celui qui l'a faite est maître de la retirer tant qu'il n'y a pas eu acceptation ; mais ce droit cesse dès que l'offre a été acceptée, quand même il ne connaîtrait pas cette acceptation.

La pollicitation ne peut pas être acceptée après la mort de celui qui l'a faite ; car si nos héritiers succèdent à nos obligations, ils ne succèdent point à nos simples promesses.

Division des contrats.

On distingue plusieurs espèces de contrats :

1° Les contrats sont synallagmatiques ou unilatéraux.

Les contrats synallagmatiques sont ceux par lesquels chacune des parties s'oblige envers l'autre. Le contrat unilatéral est celui par l'effet duquel l'une des parties seulement s'oblige envers l'autre, comme dans le prêt où l'emprunteur seul est obligé.

Cette division n'est pas purement théorique : elle a aussi son intérêt pratique ; en effet, aux termes de l'art. 1325, l'écrit sous seing-privé que les parties dressent pour constater un contrat synallagmatique tel qu'une vente, un louage, ne fait preuve en justice qu'autant qu'il est fait en autant d'originaux qu'il y a de parties ayant un intérêt distinct. Au contraire, lorsque le contrat est unilatéral, un seul original suffit.

2° Les contrats sont à titre onéreux ou de bienfaisance. Les premiers ont pour cause l'intérêt ; les seconds la générosité.

Les contrats à titre onéreux, aux termes de l'art. 1106, sont ceux qui assujettissent chacune des parties à donner, à faire ou à ne pas faire quelque chose ; quoiqu'il semble résulter d'après cette définition, que le contrat à titre onéreux est toujours synallagmatique, on trouve cependant des cas où il ne l'est pas ; ainsi, le prêt à intérêt qui est un contrat à titre onéreux n'est point synallagmatique, puisqu'il n'oblige que l'une des parties, l'emprunteur, ce qui constitue le caractère essentiel du contrat unilatéral.

Le contrat à titre onéreux est commutatif, quand des deux côtés l'avantage est certain ; aléatoire, quand l'avantage se trouve soumis à une chance de gain ou de perte ; ainsi, la constitution d'une rente viagère, le contrat d'assurance, la vente d'une succession ouverte, le jeu, le pari, sont autant de contrats aléatoires.

Le contrat est de bienfaisance ou à titre gratuit, quand une des parties procure à l'autre un avantage sans en recevoir l'équivalent, comme dans une donation.

4° Les contrats sont nommés ou innomés, selon qu'ils ont ou n'ont pas dans la loi, de dénominations et de règles propres, mais dans notre droit toute convention licite est obligatoire : il en était autrement en droit romain, où les contrats innomés n'étaient obligatoires que lorsqu'il y avait eu exécution de la part de l'une des parties.

Enfin, on divise les contrats en contrats principaux et acces-
soires; solennels ou consensuels.

Le contrat est principal quand il a une existence propre
comme le prêt; il est accessoire, lorsqu'il ne peut se former
qu'en se rattachant à un autre, comme le cautionnement, le
nantissement, la constitution d'hypothèque.

Le contrat solennel est celui qui n'est parfait qu'autant que
le consentement des parties est manifesté selon certaines formes
particulières: ainsi, la donation est un contrat solennel, car
aux termes de l'art. 931, elle n'est valable qu'autant que la
volonté des parties a été, en présence de plusieurs témoins,
déclarée à un notaire qui en a dressé acte dans les formes prescrites par la loi.

Le contrat non solennel ou consensuel est celui qui n'exige
pour sa validité d'autre condition que le consentement des
parties ; ainsi la vente, depuis que la transcription n'est plus
exigée pour sa perfection est un contrat consensuel : sous l'empire de la loi du 11 brumaire, an VII, ce contrat était solennel.

Il importe, en matière de preuve, de savoir si un contrat est
consensuel ou solennel.

S'il est consensuel, il pourra être prouvé en justice, soit par
acte authentique ou sous seing-privé, soit par témoins, soit par
des présomptions, soit enfin par le serment ou l'aveu des parties : dans ces contrats, l'écrit est dressé seulement *ad probationem*. Les contrats solennels, au contraire, ne peuvent être
prouvés qu'en rapportant l'acte authentique dressé selon les
formes prescrites, pour en établir l'existence : ici l'écrit n'est
pas seulement exigé *ad probationem*, mais encore *ad solemni-
tatem*.

Dans notre droit, à la différence du droit romain, les contrats consensuels sont la règle, les contrats solennels l'exception.

CHAPITRE II.

Quatre conditions sont essentielles à la validité de tout contrat; ce sont: 1° le consentement; 2 la capacité de contracter; 3° un objet certain qui forme la matière de l'engagement; 4° une cause licite de l'obligation.

Le défaut de consentement d'objet et de cause rend le contrat nul; le défaut de capacité le rend non pas nul, mais annulable.

Il existe entre les contrats nuls et les contrats annulables de notables différences, que l'article 1304 nous donnera l'occasion de signaler.

SECTION 1re.

Du consentement.

Le consentement (*consensus*) est l'accord de deux volontés. Il est essentiel à l'existence de la convention, mais pour obliger efficacement les parties contractantes, il doit être exempt de vices; ainsi, aux termes de l'art. 1109 : « Il n'y a point de consentement valable, si le consentement n'a été donné que par erreur, ou s'il a été extorqué par violence ou surpris par dol. »

Les vices du consentement sont donc l'erreur, la violence et le dol.

§ 1er. *Erreur.*

L'erreur est une croyance qui n'est pas conforme à la réalité.

Elle rend tantôt le contrat nul, tantôt annulable, et dans certains cas elle ne l'empêche pas de valoir.

Elle rend le contrat nul lorsqu'elle porte : 1° sur la nature de la convention; 2° sur l'objet de la convention.

Il y a erreur sur la nature de la convention lorsque l'une des parties croit faire telle convention et l'autre partie telle autre convention; il n'y a pas alors de concours de volonté, ainsi lorsque je crois recevoir à titre de donation le cheval que vous offrez de me vendre, il ne s'est pas formé de contrat parce que l'erreur a porté sur la nature même de la convention.

L'erreur sur l'objet même de la convention a lieu lorsque l'une des parties a en vue tel objet et l'autre partie tel autre objet.

L'erreur rend le contrat annulable lorsqu'elle porte : 1° sur la substance de l'objet, c'est-à-dire sur la qualité principale que les parties ont eue en vue en contractant, 2° sur la personne, lorsque la considération de la personne que l'on avait en vue est entrée pour quelque chose dans le contrat. Je conviens avec Paul, que je crois un peintre célèbre, qu'il fera mon portrait ; plus tard, je viens à découvrir que j'ai traité non avec le peintre que j'avais en vue, mais avec un peintre du même nom ; je pourrai faire annuler le contrat.

Enfin l'erreur n'empêche pas le contrat de valoir lorsqu'elle porte : 1° sur les qualités non substantielles; 2° sur le motif du contrat; 3° sur la personne, quand la considération de la personne que l'on avait en vue n'est entrée en rien dans le contrat.

Ce sera à la partie qui alléguera l'erreur à en faire la preuve, elle pourra suivant les cas, même en obtenant la rescision, se voir condamner à des dommages-intérêts envers son adversaire pour le tort qu'elle lui aura causé par son imprudence ou par sa légèreté.

§ 2. Violence.

Lorsqu'un contrat a été formé sous l'empire de la violence

il n'y a qu'un consentement apparent; mais en réalité il n'y en a point eu, car ce n'est point consentir que de donner une adhésion arrachée par la crainte, c'est céder à une nécessité. Aussi le législateur a-t-il dénié à de pareils contrats toute espèce de validité.

Mais la violence qui rend nul un contrat n'est pas toute espèce de violence, mais seulement celle qui est accompagnée de certains caractères que le législateur prend soin lui-même d'indiquer; ainsi, aux termes de l'art. 1112, la violence doit être telle qu'elle soit de nature à faire impression sur une personne raisonnable et qu'elle puisse lui inspirer la crainte d'exposer sa personne ou sa fortune à un mal considérable et présent.

Pothier, que les législateurs suivaient dans la rédaction du Code, trouvent que cette règle était encore trop dure, pensait qu'on devait y ajouter quelque chose. « En effet, on doit, dit-il, en cette matière, avoir égard à l'âge, au sexe et à la condition des personnes, et telle crainte qui ne serait pas jugée suffisante pour avoir intimidé l'esprit d'un homme d'un âge mûr et d'un militaire, et pour faire, en conséquence, rescinder le contrat qu'il aurait fait, peut être jugée suffisante à l'égard d'une femme ou d'un vieillard; le Code a reproduit la distinction de Pothier dans le second alinéa de l'art. 1112 qui s'exprime ainsi : « on a égard, en cette matière, à l'âge, au sexe et à la condition des personnes. »

La violence est une cause de nullité non-seulement lorsque le mal dont nous sommes menacés doit nous atteindre. nous mêmes, mais encore lorsqu'il doit atteindre la personne ou les biens de notre conjoint, de nos descendants ou ascendants; la loi présume ici que les liens de parenté qui nous unissent à ces personnes nous font craindre les maux autant pour eux que pour nous.

La seule crainte révérentielle que nous inspirent nos ascen-

dants n'est pas une cause de nullité; on comprend que la loi ne pouvait pas admettre de telles excuses pour annuler un contrat; mais il est clair que si à cette crainte révérentielle se joint quelque menace, la convention peut être annulée, lors même que cette menace ne constitue pas une violence ayant les caractères énumérés dans l'art. 1112.

§ 3. *Dol.*

On entend par dol toutes manœuvres frauduleuses employées pour tromper une personne « *omnem calliditatem, fallaciam, machinationem, ad circumveniendum, fallendum, decipiendum alterum adhibitam,* » suivant la définition de Labéon.

Pour que le dol puisse donner lieu à l'action en nullité, il doit réunir ces deux caractères : 1° il doit être tel, que sans cela on n'eût pas contracté; 2° il doit émaner de l'une des parties contractantes.

S'il émanait d'un tiers, il ne donnerait lieu qu'à des dommages-intérêts contre ce tiers, le seul fait du dol ne donne pas lieu à une action, il faut pour qu'il puisse être opposé à son auteur qu'il ait engendré l'erreur; mais il n'est pas nécessaire que cette erreur tombe sur la substance de la chose. Enfin l'on ne doit pas considérer comme dol les affirmations plus ou moins vraies à l'aide desquelles un vendeur exagère la valeur de la chose pour en retirer un prix plus considérable; l'acheteur s'y attend d'avance, il ne doit pas y ajouter une confiance aveugle.

Aux termes de l'art. 1116 le dol ne se présume pas, et doit être prouvé par celui qui s'en plaint; cette disposition se rattache à ce principe que les faits exceptionnels ne se présument pas, et que la bonne foi étant le fait le plus habituel dans les contrats, le dol ne devait pas se présumer.

§ 4. *De la lésion.*

La lésion est le préjudice qu'éprouve l'une des parties dans un contrat à titre onéreux, mais l'intérêt public et la sécurité des transactions exigeaient que cette cause de rescision fût renfermée dans des limites très étroites : c'est aussi ce qu'a fait le législateur, « la lésion ne vicie les conventions que dans certains contrats ou à l'égard de certaines personnes » porte l'art. 1118.

Dans certains contrats..... ce sont la vente, et encore faut-il que la lésion soit de plus des sept douzièmes et qu'elle soit éprouvée par le vendeur (1674); la lésion éprouvée par l'acheteur, quelle qu'énorme qu'elle soit ne donne pas lieu à rescision.

Cette différence qui paraît choquante au premier abord est fort rationnelle cependant. La loi, en effet, en admettant la rescision pour cause de lésion a eu surtout en vue de protéger l'homme que des affaires malheureuses ou des circonstances impérieuses obligent à vendre sa chose ; si la chose est vendue à un prix vil, le législateur présume avec raison que l'acheteur a profité de la situation critique de son vendeur pour lui imposer les conditions les plus dures et se les faire les meilleures possibles au mépris même de l'équité ; c'est précisément ce que le législateur a voulu empêcher, car c'eût été s'enrichir aux dépens d'autrui.

Les mêmes raisons ne se rencontrent pas pour donner à l'acheteur une action en rescision pour cause de lésion, car celui-là ne peut pas invoquer la nécessité ou le mauvais état de ses affaires, la loi présume donc que s'il n'a pas reculé devant une somme évidemment exagérée, c'est qu'il tenait à se procurer la chose à tout prix.

La rescision est encore admise pour lésion de plus d'un quart éprouvée par des copartageants.

Voilà les seuls contrats où elle soit admise.

A l'égard de certaines personnes... ce sont les mineurs : quant à eux, tous les contrats sont rescindables pour cause de lésion, si faible que soit le préjudice éprouvé.

SECTION II.

De la capacité.

Toute personne est capable de contracter si elle n'est pas déclarée incapable par la loi; cela revient à dire que la capacité forme le droit commun, l'incapacité l'exception.

Sont déclarés incapables par l'art. 1124, les mineurs, les interdits, les femmes mariées. Il faut ajouter les aliénés détenus dans un établissement public (loi du 30 juin 1838). L'article 1124 ajoute : « Et généralement tous ceux à qui la loi a interdit certains contrats ». Cette disposition fait allusion à certaines incapacités spéciales introduites par le législateur dans le but d'empêcher qu'une personne se trouve placée entre son intérêt et son devoir. C'est ainsi qu'un officier public ne peut acheter les biens qu'il est chargé de vendre, qu'un magistrat ne peut devenir cessionnaire des droits litigieux qui sont de la compétence du tribunal dans le ressort duquel il exerce ses fonctions, qu'un tuteur ne peut acheter les biens de son pupille.

SECTION III.

De l'objet et de la matière des contrats.

L'objet des contrats consiste, soit dans une chose proprement dite (*res*) que le débiteur s'engage à donner ou à livrer, soit dans un fait que le débiteur s'oblige à accomplir ou dont il promet de s'abstenir. Aux termes de l'art. 1127, le simple usage ou la simple possession d'une chose peut être, comme la chose même, l'objet du contrat. Cela signifie que les démembrements du droit de propriété, tels qu'usufruit, usage, servitude, peuvent être, comme la pleine propriété, l'objet d'un contrat. Les choses futures peuvent faire l'objet d'un contrat ; ainsi, je puis vendre la récolte que mon vignoble produira cette année; mais par des raisons de moralité, le législateur interdit toute espèce de stipulation sur les successions futures. Elles ne peuvent donc pas faire l'objet d'un contrat. L'objet de l'obligation, pour être valable, doit réunir ces trois caractères : qu'il soit possible, utile au créancier, non contraire aux lois ou aux bonnes mœurs.

De ce que l'objet de l'obligation doit être utile au créancier, il résulte que l'obligation est valable quand elle a pour objet une espèce ou un individu ; nulle quand elle a pour objet un genre. Ainsi, si je vends un animal à une personne, mon obligation sera nulle parce que le créancier n'a aucun intérêt à son exécution; en effet, le débiteur est le maître de se libérer en livrant un animal quelconque. Si, au contraire, je vous vends un cheval, mon obligation sera valable, parce que son exécution sera utile au créancier.

L'obligation de donner une espèce (un cheval) est une obligation d'objet certain; celle de donner un individu (mon cheval gris pommelé), une obligation de corps certain.

Dans la première, la propriété n'est pas transférée par le seul consentement des parties, elle ne l'est que par la tradition, et la perte de la chose par cas fortuit n'entraîne pas l'extinction de l'obligation.

Dans la deuxième, au contraire, la propriété est, en général, transférée par le seul consentement, et, si la chose périt par cas fortuit, l'obligation est éteinte.

A ce principe que l'objet de l'obligation doit être utile au

créancier se rattache la disposition de l'art. 1119, ainsi conçue :
« On ne peut, en général, s'engager ni stipuler en son propre
nom que pour soi-même. » Cette première disposition «[on ne
peut s'engager en son propre nom que pour soi-même » serait
fausse si elle était prise à la lettre : nous trouvons, en effet,
dans le cautionnement, un exemple d'engagement pour autrui.
Ce que cet article défend, c'est de promettre pour autrui : en
effet, le créancier ne peut pas exiger de celui qui a promis
l'exécution de l'obligation, puisqu'il n'est pas engagé ; il ne
peut pas non plus l'exiger du tiers, puisque le promettant n'a
pu engager celui-ci sans sa volonté ; il n'y aurait donc pas de
lien (*vinculum juris*) et par conséquent pas d'intérêt pour le
créancier.

Stipuler, c'est prendre le rôle du créancier, c'est acquérir le
bénéfice d'une obligation, et on ne peut acquérir le bénéfice
d'une obligation à celui dont on n'est pas le mandataire ou le
gérant d'affaires, car il n'y aurait pas de lien, et par conséquent pas d'intérêt ; mais, s'il y avait une clause pénale, l'obligation serait valable, parce qu'alors le débiteur n'est plus le
maître de refuser impunément l'exécution de sa promesse : le
stipulant peut, en effet, en cas d'inexécution, faire condamner
le débiteur à lui payer le montant de la clause pénale.

On pourrait encore acquérir à autrui le bénéfice d'une obligation comme condition d'une stipulation que l'on fait pour soi-
même, ou d'une donation que l'on fait à un autre. Ainsi, je puis
vous donner ma maison, à charge par vous de constituer une
rente viagère à Paul.

Il est inutile de dire que nos héritiers ou ayants cause ne sont
pas considérés comme tiers, et qu'ils peuvent invoquer les
conventions que nous avons faites pour nous-mêmes.

SECTION IV.

De la cause.

La cause de l'obligation est le but immédiat qu'on se propose d'atteindre en s'obligeant. Il ne faut pas la confondre avec le motif de l'obligation, qui est le but médiat que se propose la partie qui s'oblige et qui reste ordinairement secret. Ainsi, toute obligation a un objet, une cause, un motif. L'objet, c'est la réponse directe à cette question : *quid debetur ?* La cause est la réponse directe à cette question : *cur debetur ?*

La cause comme l'objet est une condition essentielle à l'existence de l'obligation : « L'obligation sans cause ou sur une fausse cause, ou sur une cause illicite, ne peut avoir aucun effet » (1131).

La fausse cause est celle qui n'existe pas réellement, mais qui existe en apparence dans l'esprit de l'une des parties. Ainsi, mon père vous a légué deux de ses chevaux ; nous convenons qu'au lieu de vous livrer les chevaux qui vous ont été légués, je vous donnerai 2,000 fr. Postérieurement à cette novation, je découvre un codicille qui contient la révocation du legs que vous a fait mon père ; mon obligation repose sur une fausse cause, car je vous ai promis de vous payer 2,000 fr. afin de me libérer d'une obligation qui n'existait pas, qui n'était qu'apparente.

La cause est illicite quand elle est prohibée par la loi, quand elle est contraire aux bonnes mœurs ou à l'ordre public (1133).

L'art. 1132, qui s'exprime ainsi « la convention n'est pas moins valable, quoique la cause n'en soit pas exprimée, » ne peut évidemment s'appliquer qu'aux contrats unilatéraux, car dans les contrats synallagmatiques l'obligation de l'une des parties est la cause de l'obligation de l'autre. Cet article veut dire que quand même dans l'acte instrumentaire, dans l'écrit constatant le contrat unilatéral, la cause de l'obligation ne serait pas exprimée, le contrat n'en serait pas moins valable. Cependant l'art. 1132, qui déclare valable l'obligation, quoique la cause n'y soit pas mentionnée, souffre plusieurs exceptions : ainsi, en matière de lettre de change ou de billet à ordre, la mention de la cause est exigée à peine de nullité.

DEUXIÈME PARTIE.

DE L'ACTION EN NULLITÉ OU EN RESCISION DES CONVENTIONS.

(Code Nap., art. 1304 à 1314. Loi de 1838, art. 30.)

Aujourd'hui les mots nullité et rescision, comme cela résulte de notre rubrique, sont pris indifféremment l'un pour l'autre.

Il n'en était pas de même dans l'ancien droit : ces deux actions se distinguaient sous plusieurs rapports.

Ainsi, l'action en nullité se donnait contre les contrats dont la nullité était prononcée par les ordonnances ou les coutumes. L'action en rescision se donnait contre les contrats dont la nullité était prononcée par le droit romain ou d'après l'équité naturelle. L'action en nullité était portée directement devant les tribunaux ; l'action en rescision ne l'était qu'après que le demandeur s'était muni d'une lettre de rescision que délivraient au nom du roi les chancelleries des parlements ou des présidiaux.

Enfin, l'action en nullité se prescrivait par trente ans : l'action en rescision par dix ans.

Les contrats sont nuls ou annulables.

Les contrats nuls sont ceux qui n'existent point, qui ne se sont formés qu'en apparence, ce qui a lieu : 1° lorsque l'un des éléments essentiels à leur perfection manque absolument, comme le défaut de consentement, le défaut d'objet, de cause ou de capacité; 2° lorsqu'ils sont faits en violation d'une prohibition de la loi, telle que la stipulation sur une succession future; 3° lorsque les formes solennelles auxquelles ils sont soumis pour leur perfection n'ont pas été observées.

Les contrats annulables, à la différence des contrats nuls, ont une existence réelle; ils sont valables provisoirement; seulement le vice dont ils sont entachés pourra en autoriser l'annulation, si elle est demandée. Mais le vice qui affecte les contrats pourra être effacé par la ratification, ce qui ne sera pas possible à l'égard des contrats nuls, puisque ce serait ratifier le néant.

Les contrats nuls n'ayant aucune existence, leur nullité est absolue et perpétuelle, c'est-à-dire que toute personne intéressée peut l'invoquer à quelque époque que ce soit.

Dans les contrats annulables, au contraire, la nullité n'est que relative et temporaire, c'est-à-dire qu'elle ne peut être invoquée que par l'une des parties seulement, et que pendant un certain temps déterminé par la loi. Ce temps est de dix années toutes les fois que la loi ne l'a pas expressément réduit à un temps moindre.

Les dix ans ne commencent à courir que du jour où la partie dans l'intérêt de laquelle le contrat est annulable, a pu librement en demander la nullité: ainsi, en cas de violence, du jour de la cessation de la violence; pour le mineur, du jour de sa majorité; pour la femme mariée, du jour de la dissolution du mariage; pour les aliénés enfermés dans un établissement public, la loi du 30 juin 1838 veut que ce délai ne coure que du jour où l'acte leur a été signifié, ou du jour où ils en ont eu connaissance d'une autre manière. Ce délai de dix ans est une véritable prescription et non un simple délai précis et invariable, comme l'ont enseigné quelques auteurs; aussi, toutes les causes de suspension, de prescription, lui seront applicables.

Au sujet de ce délai de dix ans, il s'élève la question de savoir si l'ancienne maxime « *quœ temporalia sunt ad agendum, perpetua sunt ad excipiendum,* » est encore en vigueur dans notre droit. Selon le droit romain, le contrat qui était rescindable pour cause de dol, pouvait être attaqué, tantôt par voie d'action, tantôt par voie d'exception, suivant que le contrat avait ou n'avait pas été exécuté. L'action durait un an, l'exception était perpétuelle. Ainsi, l'action de dol, quand elle était ouverte, était temporaire parce que, en effet, on est maître d'exercer une action quand on le veut : l'exception était perpétuelle, parce que l'on ne peut l'intenter que lorsqu'on est actionné en exécution du contrat. De là la règle « *quœ temporalia sunt ad agendum perpetua sunt ad excipiendum.* Cette règle a été abrogée par l'ordonnance de François Ier, rendue à Villers–Cotterets en 1539. Nous pensons que le Code a maintenu cette ordonnance, et que la règle romaine n'a plus d'application dans notre droit.

L'effet de la rescision est de remettre les choses dans leur premier état, sauf cette différence en faveur des mineurs, interdits et femmes mariées, qu'ils ne doivent restituer que ce dont leur adversaire prouve qu'ils se sont enrichis.

ACTES CONFIRMATIFS.

Pour ratifier valablement, il faut être capable ; si un mineur s'est obligé, il ne pourra confirmer son obligation tant que durera sa minorité. Comme nous l'avons déjà dit, la ratification ne s'applique qu'aux actes annulables.

Elle est expresse ou tacite.

Elle est expresse lorsqu'elle résulte d'une déclaration écrite ou verbale, l'écrit qui porte ratification d'un contrat annulable, doit, aux termes de l'art. 1338, pour être valable, contenir la substance de l'obligation, la mention du motif de l'action en rescision, et l'intention de réparer le vice sur lequel cette action est fondée.

La ratification tacite s'opère par l'exécution volontaire de l'obligation après l'époque à laquelle l'obligation peut être valablement confirmée ou ratifiée.

La ratification valablement faite rétroagit au jour du contrat, mais seulement pour les parties, et en conservant aux tiers les droits à eux acquis du fait de la partie qui ratifie. Ainsi un mineur a vendu un immeuble à l'amiable, devenu majeur il a consenti une hypothèque sur cet immeuble, puis plus tard il a ratifié la vente, cette ratification n'éteint pas l'hypothèque.

La confirmation n'exige pas le concours de deux volontés, elle n'exige que la volonté du débiteur, car elle ne vient pas former un nouveau contrat, elle consolide seulement une obligation déjà existante.

Enfin la confirmation peut être prouvée par l'aveu de la partie ou le serment, elle peut l'être par témoins et par simples présomptions au-dessous de 150 fr., et même au-dessus de cette somme, s'il y a un commencement de preuve par écrit.

Nous trouvons en matière de donation une disposition qui paraît anormale à la première vue; en effet, la donation qui ne peut pas être ratifiée par le donateur quand elle est nulle pour vices de forme peut l'être expressément ou tacitement par ses héritiers ; on explique généralement cette différence de la manière suivante : les formes auxquelles est subordonnée la validité des donations ont été prescrites dans l'intérêt des familles; les héritiers du donateur peuvent donc renoncer au bénéfice résultant pour eux de l'inobservation de ces formes , lorsqu'ils reconnaissent que la donation qui émane de leur auteur a été faite légitimement et en parfaite connaissance de cause.

POSITIONS.

I. L'erreur peut être invoquée comme cause de nullité, même contre la partie contractante qui a été de bonne foi.

II. C'est au débiteur à prouver que l'obligation unilatérale est sans cause.

III. La nullité fondée sur le dol est opposable aux tiers acquéreurs.

IV. L'art. 1304 établit une prescription soumise aux règles ordinaires de suspension et d'interruption.

V. La règle *quæ temporalia ad agendum perpetua sunt ad excipiendum* n'est plus en vigueur.

VI. Les actes faits par le mineur seul, lorsqu'aucune formalité légale n'était exigée, ne sont rescindables que pour lésion.

Vu par le Président de la thèse,
PERREYVE.

Vu par le Doyen,
C.-A. PELLAT.

www.ingramcontent.com/pod-product-compliance
Lightning Source LLC
Chambersburg PA
CBHW060511200326
41520CB00017B/4990